À plus ! 1

Grammatikheft

Französisch für Gymnasien

Hallo, liebe Schülerin, lieber Schüler,

ich heiße Rissou und ich begleite dich durch dieses Grammatikheft. Das Grammatikheft erklärt den gesamten Grammatikstoff deines Schülerbuches *À plus!* 1. Die Unités des Grammatikheftes heißen genauso wie die Unités des Schülerbuches.

Auf jeder Seite findest du links französische Beispielsätze. Schau sie dir an und versuche mit Hilfe dieser Beispiele eine allgemeine Regel zu formulieren. **Fett** oder farbig hervorgehobene Satzteile helfen dir beim Finden der Regel. Rechts, auf einem gelben Streifen, findest du die ausführlichen Erklärungen. Wenn diese mit einem ⚠ gekennzeichnet sind, heißt das, dass du an diesen Stellen besonders gut aufpassen musst. Mit Hilfe der Bilder kannst du dir wichtige Regeln besser einprägen. Du begegnest auch ab und zu Tilo, Laura und Lisa. Sie lernen Französisch genau wie du und haben viele Fragen. Da sie gute Freunde sind, helfen sie sich gegenseitig: Wenn einer einen Lerntipp hat, gibt er ihn an die anderen weiter – und natürlich auch an dich!

> Das Subjekt führt die Reihe an,
> die Ergänzung stellt sich hinten an.

Immer wenn du mir begegnest, findest du in einem orangefarbenen Kasten zu dem jeweiligen Thema die Regel. Die solltest du dir unbedingt einprägen! Mein Tipp: Wenn ich dir einen Merkspruch gebe, der sich reimt, lernst du ihn am besten auswendig. Das behält sich besser.

Noch etwas: Auf dem gelben Streifen rechts findest du hinter dem kleinen Buch die Antworten zu allen Fragen aus dem Kapitel Repères, das es in deinem Schülerbuch in jeder Unité gibt. Wenn du dich zum Beispiel mit den Fragen aus den Repères auf eine Klassenarbeit vorbereiten willst, kannst du im Grammatikheft überprüfen, ob du die Aufgaben richtig gelöst hast.

Im Inhaltsverzeichnis auf den Seiten 3 bis 5 kannst du nachschlagen, welche grammatischen Erscheinungen in den Unités behandelt werden. Wenn du gezielt einen bestimmten Begriff suchst, dann schlag das Grammatikheft ganz hinten auf (S. 47). Dort findest du in einer Liste alle grammatischen Begriffe, die in *À plus!* 1 verwendet werden. Sie werden kurz erklärt und du kannst nachsehen, in welchem Abschnitt und auf welcher Seite sie behandelt werden.

Ich wünsche dir viel Erfolg beim Französischlernen!

📖 → 2a: Auf *le* folgt ein männliches Nomen. Auf *la* folgt ein weibliches Nomen. Auf *l'* folgt ein männliches oder ein weibliches Nomen, das mit einem Vokal beginnt.

Nomen
(le nom), Hauptwort. Ein Wort, das eine Sache oder Person bezeichnet und meistens einen Begleiter hat: *ma copine* / meine Freundin (1, S. 6).

Inhaltsverzeichnis

UNITÉ 1 *La rentrée*

6	**1**	**Das Nomen und sein Begleiter**
6	1.1	Der bestimmte Artikel im Singular
7	1.2	Der unbestimmte Artikel im Singular
7	**2**	**Das Personalpronomen im Singular**
8	**3**	**Das Verb être im Singular**
8	**4**	**Der Satz**
8	4.1	Der Aussagesatz
9	4.2	Die Intonationsfrage

UNITÉ 2 *À l'école*

10	**5**	**Der Apostroph**
10	**6**	**Das Nomen und sein Begleiter**
10	6.1	Der bestimmte Artikel und das Nomen im Plural
11	6.2	Der unbestimmte Artikel im Plural
12	**7**	**Die Personalpronomen im Plural**
12	**8**	**Das Verb être**
13	**9**	**Die Frage**
13	9.1	Die Frage mit **Qu'est-ce que?**
13	9.2	Die Frage mit **Où?**

UNITÉ 3 *Ma famille et mes amis*

14	**10**	**Der Possessivbegleiter**
15	**11**	**Das Verb**
15	11.1	Die regelmäßigen Verben auf **-er**
15	11.2	Das Verb **avoir**
16	11.3	Der Imperativ
16	**12**	**Die Frage**
16	12.1	Die Frage mit **Est-ce que?**
17	12.2	Die Frage mit Fragewort und **est-ce que**
17	12.3	Die Frage mit **Qui?**

UNITÉ 4 *Qu'est-ce que vous faites?*

18	**13**	**Der Possessivbegleiter**
18	**14**	**Das Verb**
18	14.1	Das Verb **préférer**
19	14.2	Das unregelmäßige Verb **faire**
19	14.3	Die unregelmäßigen Verben **vouloir** und **pouvoir**
20	14.4	Die Verneinung mit **ne ... pas**
20	14.5	Das direkte Objekt nach den Verben **aimer** und **préférer**

trois **3**

UNITÉ 5 *Le cadeau*

21	15	**Der zusammengezogene Artikel mit der Präposition à**
21	16	**Die Mengenangaben mit de**
22	17	**Das Adjektiv**
23	18	**Das Verb**
23	18.1	Das Verb **acheter**
24	18.2	Die unregelmäßigen Verben **mettre** und **aller**
24	18.3	Die Verneinung mit **ne ... plus**

UNITÉ 6 *Au collège*

25	19	**Der bestimmte Artikel vor Wochentagen**
25	20	**Die Adjektive bon und nul**
26	21	**Das Verb**
26	21.1	Die regelmäßigen Verben auf **-dre**
26	21.2	Das unregelmäßige Verb **prendre**
27	21.3	Das **futur composé**
28	22	**Der Satz**
28	22.1	Die Frage mit **Pourquoi?** und **Quand?**
28	22.2	Der Nebensatz mit **parce que**
29	23	**Die Uhrzeit**

UNITÉ 7 *Lyon, notre ville: un dossier*

30	24	**Der zusammengezogene Artikel mit der Präposition de**
31	25	**Das Pronomen**
31	25.1	Das direkte Objektpronomen
32	25.2	Die Stellung des direkten Objektpronomens
32	26	**Das Verb**
32	26.1	Die Verben auf **-ir**
32	26.2	Das unregelmäßige Verb **dire**
33	26.3	Das unregelmäßige Verb **venir**
33	26.4	Das direkte und das indirekte Objekt
34	27	**Der Nebensatz mit quand**

UNITÉ *Supplémentaire à la carte*

SÉQUENCE SUPPLÉMENTAIRE 1

35	**28**	**Der Demonstrativbegleiter**
35	**29**	**Das unregelmäßige Verb** savoir

SÉQUENCE SUPPLÉMENTAIRE 2

36	**30**	**Das Pronomen**
36	30.1	Das Relativpronomen **qui**
36	30.2	Das Relativpronomen **que**
37	30.3	Das Relativpronomen **où**

SÉQUENCE SUPPLÉMENTAIRE 3

38	**31**	**Das Verb** commencer
38	**32**	**Die indirekte Rede**

SÉQUENCE SUPPLÉMENTAIRE 4

39	**33**	**Das Verb**
39	33.1	Das **passé composé**
39	33.2	Die Bildung des **passé composé**
40	33.3	Das Partizip Perfekt
41	33.4	Die Verneinung beim **passé composé**
41	33.5	Die Satzstellung beim **passé composé**

ANNEXE

42	**34**	**Buchstaben und Laute**
43	**35**	**Das Verb**
43	35.1	Verbarten
43	35.2	Die Formen des Verbs
44	**36**	**Die Konjugation der Verben**
44	36.1	Die unregelmäßigen Verben **avoir** und **être**
44	36.2	Die regelmäßigen Verben auf **-er**
44	36.3	Die regelmäßigen Verben auf **-dre**
45	36.4	Die Verben auf **-ir**
45	36.5	Die unregelmäßigen Verben
45	36.6	Das **futur composé**
46	**37**	**Die Präpositionen**
46	37.1	Die Präpositionen des Ortes
46	37.2	Die Präpositionen der Zeit
47	37.3	Andere Präpositionen
47	**38**	**Liste der grammatischen Begriffe**

cinq **5**

UNITÉ 1 — La rentrée

1 Das Nomen und sein Begleiter
Le nom et son déterminant

<u>eine</u> Schule
<u>der</u> Lehrer
<u>dieses</u> Buch
<u>meine</u> Klasse

> Nomen ist ein anderes Wort für Hauptwort (z. B. Schule, Lehrer, Buch). Im Deutschen und im Französischen stehen Nomen fast nie alleine. Sie werden meistens von anderen Wörtern begleitet: *eine* Schule, *der* Lehrer, *dieses* Buch, *meine* Klasse. Diese Wörter heißen Begleiter.

1.1 Der bestimmte Artikel im Singular
L'article défini au singulier

| männliche Nomen || weibliche Nomen ||
mit Konsonant	mit Vokal	mit Konsonant	mit Vokal
le garçon le collège	l'ami	la fille la classe	l'amie

Vor Vokal werden le und la zu l'.

le bonbon – <u>das</u> Bonbon
le chocolat – <u>die</u> Schokolade
la photo – <u>das</u> Foto

Wie soll ich das denn lernen?

Du trägst einfach die Nomen mit dem bestimmten Artikel farbig in dein Vokabelheft ein: die weiblichen Nomen rot und die männlichen Nomen blau.

le garçon – der Junge
la fille – das Mädchen
le collège – die Schule
la classe – die Klasse

> Der erste französische Begleiter, den du kennen lernst, ist der bestimmte Artikel. Der bestimmte Artikel *le* steht vor männlichen Nomen, der bestimmte Artikel *la* steht vor weiblichen Nomen. Vor Nomen, die mit einem Vokal beginnen, verkürzt du *le* und *la* zu *l'* (*l- apostrophe*). Das Verkürzungszeichen heißt Apostroph.
>
> ⚠ Das Geschlecht französischer und deutscher Nomen stimmt nicht immer überein.
> 📖 → 2a: Auf *le* folgt ein männliches Nomen. Auf *la* folgt ein weibliches Nomen. Auf *l'* folgt ein männliches oder ein weibliches Nomen, das mit Vokal beginnt.
>
> 📖 → 2b: Im Deutschen gibt es drei Geschlechter: männlich, weiblich, sächlich. Im Französischen gibt es zwei Geschlechter: männlich, weiblich.
>
> 📖 → 2c:
> männlich: *l'ami, le garçon, le caillou, le cédérom, le collège, le quartier, le fleuve, le poète, le Rhône*
> weiblich: *l'amie, la fille, la classe, la rentrée, la ville, la colline, la cinquième, l'Allemagne, la France, la Saône*

6 six

1.2 Der unbestimmte Artikel im Singular
L'article indéfini au singulier

männlich	weiblich
un garçon	une fille
un quartier	une ville
un ami	une amie

un vor männlichen Nomen
une vor weiblichen Nomen

Nomen, die mit Vokal beginnen, lernst du immer mit dem unbestimmten Artikel, weil du nur am unbestimmten Artikel das Geschlecht dieser Nomen erkennen kannst.

Der unbestimmte Artikel ist ebenfalls ein Begleiter des Nomens. Die unbestimmten Artikel im Deutschen lauten *ein* und *eine*.

Im Französischen gibt es zwei unbestimmte Artikel im Singular: *un* und *une*.

→ 3: Vor männlichen Nomen steht *un*. Vor weiblichen Nomen steht *une*.

2 Das Personalpronomen im Singular
Le pronom personnel au singulier

Manon est dans la classe de Tarik. **Elle** est dans la classe de Tarik.

Tarik est avec Manon. **Il** est avec Manon.

Je	m'appelle Paul.	1. Person Singular
Tu	es dans la classe de Pauline?	2. Person Singular
Il	est dans la classe de Manon.	3. Person Singular
Elle	est dans la classe de Tarik.	

Personalpronomen (persönliche Fürwörter) verwendest du anstelle von Personen oder Sachen.

Merke:
Je suis, tu es,
aber hinter *c'est* stehen
moi und *toi*.

sept **7**

3 Das Verb être im Singular
Le verbe *être* au singulier

Je **suis** dans la classe de Tarik.
Tu **es** l'amie de Manon?
Il **est** dans la classe de Pauline.
Elle **est** dans la classe de Tarik.

Elle est dans la classe de Tarik.   **Il** est nouveau.

4 Der Satz
La phrase

C'est Paul.   Aussagesatz

Tu t'appelles Paul?   Fragesatz

Es gibt verschiedene Arten von Sätzen: Aussagesätze und Fragesätze. Wenn du „*Das ist Paul.*" sagst, sprichst du den Satz anders, als wenn du „*Heißt du Paul?*" fragst. Du hebst und senkst die Stimme auf unterschiedliche Weise. Dieses Heben und Senken der Stimme nennt man Satzmelodie oder Intonation.

4.1 Der Aussagesatz
La phrase déclarative

Subjekt	Verb	Ergänzung
Je	m'appelle	Pauline.
Claire	est	l'amie de Marie.
Il	est	dans la classe de Marion.

Das Subjekt führt die Reihe an, die Ergänzung stellt sich hinten an.

Die normale Wortstellung in einem französischen Aussagesatz ist: Subjekt + Verb + Ergänzung. Aussagesätze sprichst du mit fallender Intonation. Das heißt, du senkst die Stimme gegen Satzende.

8 huit

4.2 Die Intonationsfrage
L'interrogation par intonation

Aussagesatz → Fragesatz

C'est Pauline. → C'est Pauline?
Ça va. → Ça va?
Tu es dans la classe de Tarik. → Tu es dans la classe de Tarik?

Beim Sprechen kannst du Fragen einfach aus Aussagesätzen bilden. Du brauchst nur die Intonation zu verändern, das heißt, du musst die Stimme am Satzende heben. Diese Frageform heißt Intonationsfrage. Die Reihenfolge der Satzteile in der Intonationsfrage ist die gleiche wie im Aussagesatz.

⚠ Vergiss beim Schreiben das Fragezeichen nicht.

📖 → 6: Einen Fragesatz kannst du von einem Aussagesatz an der Intonation unterscheiden: An der fallenden Intonation erkennst du den Aussagesatz, an der steigenden Intonation den Fragesatz.

fallende Intonation: Aussagesatz
steigende Intonation: Fragesatz

Wieso soll ich im Fragesatz die Stimme heben?

Weil derselbe Satz mit einer anderen Intonation etwas anderes bedeuten kann!

Grammatische Begriffe, die in Unité 1 verwendet werden
Le vocabulaire grammatical de l'unité 1

deutsche Bezeichnung	Fremdwort	französische Bezeichnung
das Hauptwort	das Nomen/das Substantiv	le nom/le substantif
der Begleiter		le déterminant
das bestimmte Geschlechtswort	der bestimmte Artikel	l'article défini *m.*
das unbestimmte Geschlechtswort	der unbestimmte Artikel	l'article indéfini *m.*
die Einzahl	der Singular	le singulier
männlich	maskulin	masculin
weiblich	feminin	féminin
der Mitlaut	der Konsonant	la consonne
der Selbstlaut	der Vokal	la voyelle
das Auslassungszeichen	der Apostroph	l'apostrophe *f.*
das Geschlecht	das Genus	le genre
das persönliche Fürwort	das Personalpronomen	le pronom personnel
der Satz		la phrase
der Aussagesatz		la phrase déclarative
der Satzgegenstand	das Subjekt	le sujet
das Tätigkeitswort	das Verb	le verbe
die Ergänzung		le complément
die Satzmelodie	die Intonation	l'intonation *f.*
die Frage		l'interrogation *f.*
die Intonationsfrage		l'interrogation par intonation *f.*

neuf 9

UNITÉ 2 À l'école

5 Der Apostroph
L'apostrophe

männlich	weiblich
l'ordinateur	l'étagère
l'agenda	l'heure

Je **m'**appelle …
S'il vous plaît
Qu'est-ce-qu'il y a?
Le cochon **d'**Inde
Le film **d'**horreur

In Unité 1 hast du gelernt: *L'* steht vor männlichen und weiblichen Nomen, die mit Vokal beginnen.
Auch vor *h*- wird der Artikel *le* oder *la* meist zu *l'*.
Das Häkchen nach dem *l*- heißt „Apostroph" (Auslassungszeichen).
Es steht für das ausgelassene -*e* (bei *le*) oder -*a* (bei *la*).

Nicht nur Artikel werden apostrophiert: Auch in anderen Wörtern zeigt dir ein Apostroph, dass ein Vokal ausgelassen wurde, weil das folgende Wort auch mit einem Vokal oder einem (stummen) *h*- beginnt.

Ein Apostroph sieht ja fast genauso aus wie ein „accent"!?

Verwechsle nicht die sehr ähnlichen Zeichen:
´ accent aigu   (macht aus dem 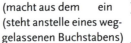 ein   )
` accent grave   (macht aus dem   ein   )
' Apostroph   (steht anstelle eines weggelassenen Buchstabens)

6 Das Nomen und sein Begleiter
Le nom et son déterminant

6.1 Der bestimmte Artikel und das Nomen im Plural
L'article défini et le nom au pluriel

	männlich		weiblich	
Singular	le garçon	l'ordinateur	la fille	l'armoire
Plural	**les** garçons	**les** ordinateurs	**les** filles	**les** armoires

Du kennst schon den bestimmten Artikel und das Nomen im Singular. Jetzt lernst du den bestimmten Artikel und das Nomen im Plural kennen. Männliche und weibliche Nomen haben im Plural denselben Artikel: *les*. Die Nomen haben im Plural meistens ein -*s*.

10 dix

> **bestimmter Artikel im Plural: les**
> **Pluralform des Nomens: -s anhängen**

⚠️ la souris – les souris
   le caillou – les cailloux

les livres [lelivʀ]   aber: les‿ordinateurs [lezɔrdinatœʀ]
les filles [lefij]   les‿heures [lezœʀ]

Aufgepasst beim Schreiben! Die Pluralform bekommt ein -s!

Ja, aber das Plural-s wird nicht ausgesprochen.

⚠️ Wenn ein Nomen schon im Singular auf -s endet, kommt im Plural kein weiteres -s hinzu.
Einige Nomen auf -ou enden im Plural auf -x.

Vor einem Nomen, das mit Vokal oder stummem h- beginnt, wird das -s von *les* als stimmhaftes -s [z] ausgesprochen und mit dem folgenden Vokal gebunden.

📖 → 2a: Männliche und weibliche Nomen haben im Plural denselben Artikel. Der Artikel lautet *les*. Im Plural wird an das Nomen meist ein -s angehängt.

📖 → 2b: Nur am Artikel hörst du, ob ein Nomen im Singular oder im Plural verwendet wird.

6.2 Der unbestimmte Artikel im Plural
L'article indéfini au pluriel

	männlich	weiblich
Singular	un garçon un ordinateur	une fille une armoire
Plural	des garçons des ordinateurs	des filles des armoires
	✗ Jungen ✗ Computer	✗ Mädchen ✗ Schränke

> **Unbestimmter Artikel im Plural: des**
> **für männliche und weibliche Nomen.**

Du kennst schon den unbestimmten Artikel im Singular: *un, une*.
Das Französische hat auch für den unbestimmten Artikel eine Pluralform, die nicht ins Deutsche übersetzt werden kann. *Des* verwendest du vor männlichen und weiblichen Nomen im Plural.

📖 → 3a: Im Deutschen gibt es keinen unbestimmten Artikel im Plural. Aber im Französischen gibt es einen unbestimmten Artikel im Plural: *des*.

📖 → 3c: *les livres, des enfants, un ordinateur, des armoires, des amies, les films, un cédérom, des cassettes, des amis, une fille, des professeurs.*

Nur vor einem Nomen, das mit Vokal oder stummem h- beginnt, wird das -s von *des* als stimmhaftes -s [z] ausgesprochen und mit dem folgenden Vokal gebunden.

des livres [delivʀ]   aber: des‿ordinateurs [dezɔrdinatœʀ]
des filles [defij]   des‿heures [dezœʀ]

onze **11**

7 Die Personalpronomen im Plural
Les pronoms personnels au pluriel

1. Person Singular	Je	suis l'amie de Lucie.
2. Person Singular	Tu	t'appelles comment?
3. Person Singular	Il	est dans la classe de Tarik.
	Elle	s'appelle Pauline.
	On	est là.
1. Person Plural	Nous	sommes en sixième D.
2. Person Plural	Vous	êtes encore là?
3. Person Plural	Ils	sont dans l'armoire.
	Elles	sont sur l'étagère.

Paul et Pauline, **vous** êtes encore là? … seid **ihr** noch da?
Vous aussi, Monsieur, **vous** êtes encore là. … **Sie sind** noch da.
M. et Mme Mirelli, **vous** êtes encore là? … sind **Sie** noch da?

Ihr seid oder zu Erwachsenen Sie sind – beides heißt vous êtes.

Où sont Paul et M. Ardent? Ils sont là.
Où sont Lucie et Pauline? Elles sont là.
Où sont Tarik et Lucie ? Ils sont là.

ils elles ils

Du kennst schon die Personalpronomen im Singular: *Je, tu, il, elle. On* ist auch ein Personalpronomen der 3. Person Singular. Es entspricht dem deutschen *man*. Im gesprochenen Französisch wird es aber oft anstelle von *nous* (wir) verwendet: *On est là. (Wir sind da.)*

Vous steht im Französischen für *ihr* und für *Sie*. Mit *vous* wendest du dich an:
– mehrere Personen, die du duzt;
– eine Person, die du siezt;
– mehrere Personen, die du siezt.

→ 4a: *M. Ardent: Seid ihr noch da? Pauline: Ja. Aber Sie auch, Monsieur, Sie sind auch noch da.*
Vous steht für *ihr* und für *Sie*.

Im Französischen unterscheidest du in der 3. Person Plural zwischen männlichen und weiblichen Personalpronomen, im Deutschen nicht. *Ils* und *elles* übersetzt du mit *sie*.

→ 4b: *Ils* verwendest du für mehrere männliche Personen oder Sachen und für gemischte Gruppen (männliche und weibliche Personen und Sachen). *Elles* verwendest du für mehrere weibliche Personen und Sachen.

8 Das Verb être
Le verbe *être*

Singular	Je	suis	en sixième.
	Tu	es	dans la classe de Paul?
	Il	est	là.
	Elle	est	aussi là.
Plural	Nous	sommes	en cinquième.
	Vous	êtes	M. Mirelli?
	Ils	sont	sur la table.
	Elles	sont	sur l'étagère.

Verben kannst du in unterschiedlichen Formen verwenden. *Ich bin, du bist, er ist* sind Formen des deutschen Verbs *sein*. Die Form des Verbs wird der Person angepasst, zu der sie gehört. Diese Anpassung nennt man Konjugation. Hier siehst du, wie das Verb *être* konjugiert wird. *Être* ist ein unregelmäßiges Verb.

12 douze

9 Die Frage
L'interrogation

9.1 Die Frage mit Qu'est-ce que?
L'interrogation avec *Qu'est-ce que?*

Qu'est-ce que c'est?	Was ist das?
Qu'est-ce qu'il y a sur la table?	Was liegt auf dem Tisch?

Mit *qu'est-ce que* fragst du nach Sachen.
Qu'est-ce que übersetzt du mit *was*.

9.2 Die Frage mit Où?
L'interrogation avec *Où?*

Où est la cassette d'Astérix?
Où sont les atlas?

Mit *où* fragst du nach einem Ort.
Où übersetzt du mit *wo*.
Où steht am Anfang der Frage, das Subjekt steht hinter dem Verb (wie im Deutschen).

Ou heißt *oder* und *où* heißt *wo*. Wie soll ich das auseinanderhalten?

Merk dir doch einfach den Satz: Auf dem *wo* sitzt ein „Floh".

Grammatische Begriffe, die in Unité 2 verwendet werden
Le vocabulaire grammatical de l'unité 2

deutsche Bezeichnung	Fremdwort	französische Bezeichnung
die Mehrzahl	der Plural	le pluriel
die Beugung	die Konjugation	la conjugaison
beugen	konjugieren	conjuguer

treize **13**

UNITÉ 3 — *Ma famille et mes amis*

10 Der Possessivbegleiter
Le déterminant possessif

	männlich	weiblich	
		mit Vokal	mit Konsonant
Singular	mon père ton frère son ami	mon amie ton étagère son armoire	ma mère ta chambre sa sœur
Plural	mes copains tes cartons ses enfants	mes amies tes adresses ses amies	mes copines tes sœurs ses copines

son père – ihr Vater   **son** père – sein Vater

sa mère – ihre Mutter   **sa** mère – seine Mutter

ses copains – ihre Freunde   **ses** copains – seine Freunde

> Und warum können *ma, ta, sa* nicht vor Nomen mit Vokal stehen?

> Weil dann zwei Vokale aufeinandertreffen. Das klingt nicht gut.

Der nächste Begleiter des Nomens, den du kennen lernst, ist der Possessivbegleiter (besitzanzeigender Begleiter): **mein** Vater, **dein** Regal, **ihre** Schwester.

Französische Possessivbegleiter richten sich in Geschlecht und Zahl nach dem Nomen, vor dem sie stehen.
Ma, ta, sa verwendest du nur vor weiblichen Nomen, die mit einem Konsonanten beginnen.
Mon, ton, son verwendest du im Singular vor allen männlichen Nomen und vor weiblichen Nomen, die mit einem Vokal beginnen.
Mes, tes, ses verwendest du vor männlichen und weiblichen Nomen im Plural.

📖 → 2: 1. Son frère s'appelle Antoine. 2. Son frère s'appelle Manuel. 3. Sa copine s'appelle Lucie. 4. Sa copine s'appelle aussi Lucie.

11 Das Verb
Le verbe

11.1 Die regelmäßigen Verben auf -er
Les verbes réguliers en -er

parler
je parle
tu parles
il/elle/on parle
nous parlons
vous parlez
ils/elles parlent

Wenn du die sechs Personalendungen -e, -es, -e, -ons, -ez und -ent draufhast, kannst du schon alle Verben auf -er konjugieren!

Die meisten französischen Verben haben im Infinitiv (Grundform des Verbs) die Endung -er. Das sind die regelmäßigen Verben auf -er, weil sie alle gleich konjugiert werden. Dazu musst du jeweils die Endung -er durch die Personalendungen -e, -es, -e, -ons, -ez oder -ent ersetzen.

📖 → 4a: *parler, travailler, arriver, regarder, arrêter, téléphoner, chanter, habiter, poser, allumer, marcher, ranger, entrer, montrer, manger, écouter, préparer*

manger
je mange
tu manges
il/elle/on mange
nous mang**e**ons
vous mangez
ils/elles mangent

g- vor -e und -i sprich [ʒ],
g- vor -a, -o, -u sprich [g]

Manger ist ein Verb auf -ger, das wie ein regelmäßiges Verb auf -er konjugiert wird, aber eine Besonderheit hat: In der 1. Person Plural musst du zwischen den Stamm *mang-* und die Endung *-ons* wegen der Aussprache ein -e- einschieben.

📖 → 4b: *Ranger* endet auch auf -ger: je range, tu ranges, il/elle range, nous rangeons, vous rangez, ils rangent.

11.2 Das Verb avoir
Le verbe *avoir*

avoir
J' ai un chien.
Tu as une adresse e-mail?
Il/Elle/On a des exercices d'allemand.
Nous avons un chat.
Vous avez aussi une adresse e-mail?
Ils/Elles ont un appartement super.

Die sechs Formen von *avoir* lernst du am besten wie Vokabeln auswendig.

Avoir ist ein unregelmäßiges Verb. Das bedeutet, dass es eine besondere Konjugation hat, die du bei keinem anderen Verb wiederfindest.

📖 → 4c: *J'ai un chat et ma sœur a un chien. Est-ce que tu as aussi un chat? Nous avons des poissons. Est-ce que vous avez aussi des poissons? Est-ce que tes copains ont des poissons?*

quinze 15

11.3 Der Imperativ
L'impératif

Wenn du jemanden auffordern möchtest, etwas zu tun *(Paul, räum dein Zimmer auf!)*, nimmst du dafür eine bestimmte Form des Verbs: den Imperativ (Befehlsform).

→ 3: *Schau mal, Valentin! Schauen Sie mal, mein Herr! Schaut mal, Kinder! Lasst uns fernsehen!*
Die Imperativform auf *-ez* benutzt du, wenn du mehrere Personen aufforderst, etwas zu tun. Du verwendest sie aber auch bei Erwachsenen, die du siezt.
Für eine Aufforderung, in die du dich selbst mit einbeziehst *(Lasst uns doch im Buch nachschauen!)*, verwendest du die 1. Person Plural.

So bildest du den Imperativ
eine Person („du"): 1. Pers. Sg. des Verbs
eine Person („Sie"): 2. Pers. Pl. des Verbs
mehrere Personen („ihr"/„Sie"): 2. Pers. Pl. des Verbs
wenn du dich mit einbeziehst („wir"): 1. Pers. Pl. des Verbs

12 Die Frage
L'interrogation

12.1 Die Frage mit *Est-ce que?*
L'interrogation avec Est-ce que?

Aussagesatz   Intonationsfrage

Tarik a un message.   Tarik a un message?
Il habite à Lyon.   Il habite à Lyon?

Frage mit „est-ce que"

Est-ce que Tarik a un message?
Est-ce qu'il habite à Lyon?

Weißt du noch, wie man im Französischen eine Intonationsfrage bildet? Wenn nicht, dann schau doch noch mal in Unité 1, auf S. 9 nach. Jetzt lernst du eine weitere Frageform kennen.

→ 5a: Eine Frage mit *Est-ce que* bildest du, indem du *Est-ce que* vor den Aussagesatz stellst. Die Stellung der Satzteile des Aussagesatzes bleibt erhalten.

→ 5b: *Est-ce que Lucie a un ordinateur? Est-ce que Tarik a une adresse e-mail? Est-ce que Tilo a des poissons? Est-ce que Manon a un chat? Est-ce que les copains / les amis de Paul ont une tortue?*

12.2 Die Frage mit Fragewort und est-ce que
L'interrogation avec pronom interrogatif et *est-ce que*

Où est-ce que tu habites?
Qu'est-ce qu'il y a?
Comment est-ce que tu poses la lampe?

Du kennst schon die Fragewörter *Où?* (Wo?), *Que?* (Was) und *Comment?* (Wie?).
Auch mit Fragewörtern kannst du *est-ce que*-Fragen bilden. Das Fragewort steht in der *est-ce que*-Frage immer am Anfang.
Intonationsfragen werden vorwiegend im gesprochenen Französisch verwendet. Die Frage mit *est-ce que* hingegen kannst du sowohl im gesprochenen als auch im geschriebenen Französisch gebrauchen.

> Stellung der Satzteile in Fragen mit est-ce que:
> **Est-ce que** + Subjekt + Verb
> Fragewort + **est-ce que** + Subjekt + Verb

→ 5c: 1. *Où est-ce que M. Ardent travaille?* 2. *Qu'est-ce que nous mangeons? / Qu'est-ce qu'on mange?* 3. *Où est-ce que Tilo habite?* 4. *Qu'est-ce qu'il y a sur la photo?* 5. *Où est-ce que vous êtes?*

"Wenn ich einen Satz mit *est-ce que* anfange, dann weißt du gleich, dass ich dir eine Frage stellen will."

"Danke, das ist ein guter Tipp."

12.3 Die Frage mit Qui?
L'interrogation avec *Qui?*

Subjekt	Verb	Ergänzung	
Qui	regarde	la	télé?
Annabelle	regarde	la	télé.
Qui	écoute	la	radio?
Paul	écoute	la	radio.
Qui	habite	à	Lyon?
Les Gallet	habitent	à	Lyon.

Mit *Qui?* fragst du nach Personen. *Qui* ist das Subjekt des Fragesatzes. Die Satzstellung im Fragesatz mit *Qui?* ist dieselbe wie im Aussagesatz: *Qui* (= Subjekt) + Verb + Ergänzung. Vor Vokal und stummem *h-* wird *qui* nicht apostrophiert.

Grammatische Begriffe, die in Unité 3 verwendet werden
Le vocabulaire grammatical de l'unité 3

deutsche Bezeichnung	Fremdwort	französische Bezeichnung
der besitzanzeigende Begleiter	der Possessivbegleiter	le déterminant possessif
die Zahl	der Numerus	le nombre
die Grundform des Verbs	der Infinitiv	l'infinitif *m.*
die Endung		la terminaison
der Stamm		le radical
das regelmäßige Verb		le verbe régulier
das unregelmäßige Verb		le verbe irrégulier
die Befehlsform	der Imperativ	l'impératif *m.*
das Fragewort	das Interrogativpronomen	le pronom interrogatif

dix-sept 17

UNITÉ 4 Qu'est-ce que vous faites?

13 Der Possessivbegleiter
Le déterminant possessif

	vor Nomen im Singular		vor Nomen im Plural
männliche Nomen	weibliche Nomen		männliche und weibliche Nomen
	mit Vokal	mit Konsonant	
mon père **ton** chat **son** ami	**mon** amie **ton** adresse **son** adresse	**ma** mère **ta** chambre **sa** famille	**mes** livres/cassettes **tes** copains/copines **ses** amis/amies
notre frère/sœur **votre** chat/chambre **leur** ami/amie			**nos** copains/copines **vos** cartons/chaises **leurs** amis/amies

Du kennst schon die Possessivbegleiter *mon, ton, son, ma, ta, sa, mes, tes, ses*.

Hier lernst du die Possessivbegleiter *notre, votre, leur, nos, vos, leurs* kennen.

📖 → 5a: *Notre, votre, leur* stehen vor männlichen und weiblichen Nomen im Singular. *Nos, vos, leurs* stehen vor männlichen und weiblichen Nomen im Plural.

📖 → 5b: 1. *vos exercices* 2. *nos exercices* 3. *leurs parents* 4. *notre école / nos profs* 5. *leur ordinateur* 6. *votre Valentin*

leur poisson

leurs poissons

Kannst du dir den Unterschied zwischen *leur* und *leurs* merken?

Ja, *leurs* steht vor Nomen im Plural und die haben genau wie *leurs* ein *-s* am Ende.

14 Das Verb
Le verbe

14.1 Das Verb préférer
Le verbe *préférer*

je	préf**è**re
tu	préf**è**res
il/elle/on	préf**è**re
nous	préférons
vous	préférez
ils/elles	préf**è**rent
Imperativ	Préf**è**re. Préférons. Préférez.

Préférer ist ein Verb auf *-er*, das eine Besonderheit aufweist:
Nur die beiden endungsbetonten Formen (*nous préférons, vous préférez*) behalten das é (-e- mit *accent aigu*) des Infinitivs. Alle anderen (stammbetonten) Formen haben ein è (-e- mit *accent grave*).

18 dix-huit

Was ist bloß eine stammbetonte Form?

Eine Verbform, deren Endung du nicht aussprichst, z. B. je parle.

Die einzigen Verbformen, deren Endung du aussprichst, sind die nous- und vous-Formen. Die sind endungsbetont.

→ 3a: Bei der Konjugation von *préférer* musst du auf den *accent* auf dem zweiten -*e*- achten.

→ 3b: 1. elle préfère 2. je préfère 3. nous préférons 4. ils préfèrent 5. Vous préférez 6. il préfère

Liebe Kinder, seid schön brav: konjugiert préférer mit **accent grave**! Doch in den Formen mit nous und vous lasst den accent aigu in Ruh'!

14.2 Das unregelmäßige Verb faire
Le verbe irrégulier *faire*

je	fais
tu	fais
il/elle/on	fait
nous	faisons [fəzɔ̃]
vous	fai**tes**
ils/elles	font
Imperativ	Fais. Faisons. Fai**tes**.

Die sechs Formen von faire lernst du am besten wie Vokabeln auswendig.

Faire ist ein unregelmäßiges Verb. Die 2. Person Plural endet auf -*tes* (wie bei *être* – *vous êtes*). Die 3. Person Plural ist ganz unregelmäßig: *font*. (Ähnlich wie bei *avoir* – *ils ont*.)

14.3 Die unregelmäßigen Verben vouloir und pouvoir
Les verbes irréguliers *vouloir* et *pouvoir*

	vouloir		pouvoir
je	**veux**	je	**peux**
tu	**veux**	tu	**peux**
il/elle/on	**veut**	il/elle/on	**peut**
nous	voulons	nous	pouvons
vous	voulez	vous	pouvez
ils/elles	**veulent**	ils/elles	**peuvent**
	selten		kein Imperativ

Vouloir und *pouvoir* sind zwei der drei französischen Verben, deren 1. und 2. Person Singular auf -*x* enden. Auch bei diesen beiden Verben behalten nur die endungsbetonten Formen (*nous voulons, vous voulez* usw.) den Vokal des Infinitivs bei: -*ou*-. Die stammbetonten Formen haben -*eu*-.

14.4 Die Verneinung mit ne ... pas
La négation avec *ne ... pas*

Paul et Pauline discutent?	Non, ils	**ne**	discutent	**pas**.
Lucie écoute?	Non, elle	**n'**	écoute	**pas**.
Tilo habite à Lyon?	Non, il	**n'**	habite	**pas** à Lyon.

→ 2: Im Französischen verneinst du ein Verb, indem du *ne* bzw. *n'* vor und *pas* hinter das Verb stellst. *Ne* verwendest du vor einem Verb, das mit Konsonant beginnt. *N'* verwendest du vor einem Verb, das mit Vokal oder stummem *h-* beginnt.

Auf eine verneinte Frage antwortest du mit *si (doch)*.

14.5 Das direkte Objekt nach den Verben aimer und préférer
L'objet direct après les verbes *aimer* et *préférer*

Subjekt	Verb	direktes Objekt		
Elle	aime	**les** souris.	Sie mag Mäuse.
Il	préfère	**les** chiens.	Er mag Hunde lieber.
Valentin	aime	**le** hand-ball.	Valentin mag Handball.
Manon	préfère	**la** danse.	Manon bevorzugt Tanz.

nach aimer/préférer:
immer **bestimmter Artikel** + Nomen

Auch im Französischen können nach dem Verb Objekte stehen. Das direkte Objekt heißt so, weil es direkt, d. h. ohne Präposition, an das Verb angeschlossen wird. An die Verben *aimer* und *préférer* schließt du das direkte Objekt mit dem bestimmten Artikel an.

→ 4a: *Lucie mag Comics. Valentin zieht Bücher vor. Manon mag Deutsch. Tarik zieht Geographie vor.*
Nach den Verben *aimer* und *préférer* steht der bestimmte Artikel und dann das Nomen. Im Deutschen steht nach *mögen, lieben, bevorzugen* meist kein Artikel.

→ 4b: 1. *Tilo aime les chiens. Mais Niklas préfère les chats.* 2. *Pruneau aime les souris. Mirabelle préfère les poissons.* 3. *J'aime le sport. Ma copine / Mon amie préfère les bédés.* 4. *Mon copain / Mon ami aime le foot. Mon frère aime la photo. Ma sœur préfère la danse.*

Grammatische Begriffe, die in Unité 4 verwendet werden
Le vocabulaire grammatical de l'unité 4

deutsche Bezeichnung	Fremdwort	französische Bezeichnung
die Verneinung	die Negation	la négation
	das direkte Objekt	l'objet direct *m*.

UNITÉ 5 *Le cadeau*

15 Der zusammengezogene Artikel mit der Präposition à
L'article contracté avec la préposition *à*

Lucie est **au** collège. (le collège)	… in der Schule
Tarik est **aux** Galeries Lafayette. (les Galeries Lafayette)	… in den Galeries Lafayette
Manon va **à la** boulangerie. (la boulangerie)	… in die Bäckerei
Paul est **à l'**école. (l'école)	… in der Schule

à + le = **au**
à + les = **aux**
à + la = **à la**
à + l' = **à l'**

Präpositionen, die mit dem bestimmten Artikel zusammengezogen werden, kennst du auch aus dem Deutschen, z. B. *Sie sind im (in + dem) Haus.*

📖 → 2a: Die Präposition *à* wird nur mit den bestimmten Artikeln *le* und *les* zusammengezogen.
Mit den bestimmten Artikeln *la* und *l'* wird die Präposition *à* nicht zusammengezogen.

📖 → 2b: 1. à l'école 2. au supermarché 3. à la maison 4. au marché 5. à l'école 6. à l'office de tourisme 7. à la cantine 8. aux Galeries Lafayette

16 Die Mengenangaben mit de
Les quantifiants avec *de*

Valentin a un **peu d'**argent.	… ein bisschen Geld
Tarik a **beaucoup de** dettes.	… viele Schulden
Ils n'ont pas **assez d'**argent.	… genug Geld
Les copains achètent **un kilo de** farine.	… ein Kilo Mehl
Ils achètent aussi **un pot de** miel.	… ein Glas Honig
On achète **une bouteille de** jus de fruits?	… eine Flasche Saft
Ils achètent **une tablette de** chocolat.	… eine Tafel Schokolade
Lucie achète **un tube de** colle.	… eine Tube Kleber
Tarik a **deux moitiés d'**assiette.	… zwei Tellerhälften
Pauline a **des tas de** trucs.	… jede Menge Sachen
Tarik n'a **pas de** cadeau.	… kein Geschenk
Et il n'a **plus d'**argent.	… kein Geld mehr

Nach Mengenangaben verwendest du *de* und dann das Nomen ohne Artikel. Vor einem Nomen, das mit Vokal beginnt, wird *de* zu *d'* verkürzt. Auch im Englischen steht nach einer Mengenangabe eine Präposition. Vergleiche: *une bouteille de jus de fruits – a bottle of juice.* Im Deutschen wird das nachfolgende Nomen direkt, d. h. ohne eine Präposition, an die Mengenangabe angeschlossen (z.B. *eine Flasche Saft*).

vingt et un **21**

Mengenangaben können sein:

Nomen

un kilo de ___   une bouteille de ___   deux moitiés de ___   un pot de ___

une tablette de ___   un tube de ___   un tas de ___

Adverbien

  Il y a trop d'abricots.

  Il n'y a plus d'abricots.

  Il n'y a pas assez d'abricots.

  Il y a assez d'abricots. / Il y a beaucoup d'abricots.

  Il n'y a pas d'abricots.

> Mengenangaben + **de** + Nomen
> ne … pas + **de** + Nomen
> ne … plus + **de** + Nomen

→ 3a: 1. Die Freunde kaufen ein Kilo Mehl. 2. Sie haben noch ein bisschen Honig. 3. Tarik hat kein Geschenk. 4. Die Freunde haben genug Geld. 5. Tarik hat viele Schulden. 6. Tarik kauft eine Tube Kleber. 7. Rachid isst zu viel Schokolade. 8. Lucie kauft einen Becher Sahne. 9. Pauline kauft eine Flasche Saft. 10. Tarik hat kein Geld mehr. 11. Sie wollen eine Tafel Schokolade kaufen. 12. Mit sechs Euro kann man eine Menge Sachen machen.

→ 3b: 1. Pauline achète un kilo de farine. 2. Tu achètes beaucoup de chocolat. 3. Tarik n'a pas de sœur. 4. Tarik n'a plus d'idée. 5. Il y a encore un peu de beurre. 6. Pauline a toujours un tas d'idées.

⚠ Auch bei den Verneinungen *ne … pas* und *ne … plus* steht vor dem nachfolgenden Nomen ein *de*: *ne … pas de, ne … plus de*.
Die Verneinung *ne … pas de* (kein/keine) drückt sozusagen aus, dass gar keine Menge vorhanden ist.

17 Das Adjektiv
L'adjectif

Mit Adjektiven (Eigenschaftswörtern) beschreibst du Personen, Tiere oder Sachen: *Der Elefant ist **groß**. Die Maus ist **klein**.*

Du gleichst Adjektive im Geschlecht (männlich/weiblich) und in der Zahl (Singular/Plural) an das Nomen an, zu dem sie gehören.

L'éléphant est grand et la souris est petite.

| männlich || weiblich ||
Singular	Plural	Singular	Plural
grand [grɑ̃]	grands [grɑ̃]	grande [grɑ̃d]	grandes [grɑ̃d]
petit [pti]	petits [pti]	petite [ptit]	petites [ptit]
fort [fɔʀ]	forts [fɔʀ]	forte [fɔʀt]	fortes [fɔʀt]
chaud [ʃo]	chauds [ʃo]	chaude [ʃod]	chaudes [ʃod]
froid [fʀwa]	froids [fʀwa]	froide [fʀwad]	froides [fʀwad]
cher [ʃɛʀ]	chers [ʃɛʀ]	chère [ʃɛʀ]	chères [ʃɛʀ]

📖 → 5a: Die weibliche Form der Adjektive bildest du, indem du an die männliche Form des Adjektivs ein *-e* anhängst. Die Pluralformen des Adjektivs bildest du, indem du ein *-s* an die männliche oder weibliche Form des Adjektivs anhängst.

⚠ Die weibliche Form von *cher* schreibst du mit einem *accent grave*.

1. Émilien et Léo sont petits.
2. Élodie et Marie sont petites.
3. Maya et Pierre sont petits.

Bezieht sich ein Adjektiv zugleich auf männliche und weibliche Nomen, so verwendest du die männliche Pluralform des Adjektivs.

📖 → 5b: 1. *Le cadeau est grand.* 2. *Les poulets sont froids.* 3. *La rue est petite.* 4. *Les oranges sont chères.* 5. *L'assiette est chère.*

Adjektivendungen
Singular männlich: Ø
Plural männlich: -s
Singular weiblich: -e
Plural weiblich: -es

18 Das Verb
Le verbe

18.1 Das Verb *acheter*
Le verbe *acheter*

j'	ach**è**te
tu	ach**è**tes
il/elle/on	ach**è**te
nous	achetons
vous	achetez
ils/elles	ach**è**tent
Imperativ	Ach**è**te. Achetons. Achetez.

Acheter ist ein regelmäßiges Verb auf *-er*, das eine Besonderheit aufweist. Nur die beiden endungsbetonten Formen (*nous achetons, vous achetez*) behalten das *-e-* [ə] des Infinitivs. Alle anderen (stammbetonten) Formen haben ein *-è-* [ɛ] (*-e-* mit *accent grave*).

Aufs *-e-* kommt ein **accent grave** hinzu, außer bei den Formen mit *nous* und *vous*.

vingt-trois **23**

18.2 Die unregelmäßigen Verben mettre und aller
Les verbes irréguliers *mettre* et *aller*

	mettre
je	mets
tu	mets
il/elle/on	met
nous	mettons
vous	mettez
ils/elles	mettent
Imperativ	Mets. Mettons. Mettez.

Mettre ist ein unregelmäßiges Verb.
⚠ Alle Singularformen von *mettre* werden nur mit einem *-t-* geschrieben.

Mettre im Singular ist ganz leicht: ein -t- reicht!

	aller
je	**vais**
tu	**vas**
il/elle/on	**va**
nous	**allons**
vous	**allez**
ils/elles	**vont**
Imperativ	**Va.** Allons. Allez.

Aller ist ein unregelmäßiges Verb.
⚠ Beachte auch den unregelmäßigen Imperativ.

Die sechs Formen von *aller* lernst du am besten wie Vokabeln auswendig.

18.3 Die Verneinung mit ne … plus
La négation avec *ne … plus*

Maya	**ne**	parle	**plus**	avec Julien.	… nicht mehr
Cédric	**ne**	veut	**plus**	jouer avec Pierre.	… nicht mehr
Paul	**n'**	habite	**plus**	à Bruxelles.	… nicht mehr
Léa	**n'**	écoute	**plus**	son CD de Céline Dion.	… nicht mehr

Die Verneinung *ne … plus* verwendest du wie die Verneinung *ne … pas*: *Ne* steht vor dem konjugierten Verb und *plus* dahinter. Vor Verben mit Vokal oder stummem *h-* wird *ne* zu *n'* apostrophiert.

Grammatische Begriffe, die in Unité 5 verwendet werden
Le vocabulaire grammatical de l'unité 5

deutsche Bezeichnung	Fremdwort	französische Bezeichnung
der zusammengezogene Artikel		l'article contracté *m.*
das Verhältniswort	die Präposition	la préposition
die Mengenangaben		les quantifiants
das Eigenschaftswort	das Adjektiv	l'adjectif *m.*
der Akzent		l'accent *m.*

24 vingt-quatre

UNITÉ 6 Au collège

19 Der bestimmte Artikel vor Wochentagen
L'article défini devant les jours de la semaine

– On va au cinéma **vendredi**? ... am Freitag
– Non, **le vendredi** je suis toujours chez ma ... freitags
grand-mère.

– Est-ce qu'on a musique **jeudi**? ... am Donnerstag
– On a toujours musique **le jeudi**. ... donnerstags

> **le samedi** = samstags
> **samedi** = am Samstag

Vor einem Wochentag verwendest du den bestimmten Artikel, wenn an diesem Tag etwas regelmäßig (jede Woche an diesem Tag) geschieht.
Wenn du einen einzigen, bestimmten Tag meinst, z. B. diesen Freitag, verwendest du den Wochentag ohne Artikel.

20 Die Adjektive bon und nul
Les adjectifs *bon* et *nul*

Valentin est bon en allemand.
Lucie est bonne en maths.
Tarik est nul en dessin.
Pauline est nulle en maths.

Paul et Valentin sont bons en maths.
Lucie et Pauline sont bonnes en gym.
Manon et Tarik sont nuls en dessin.
Lucie et Manon sont nulles en géographie.

Um die weibliche Form der Adjektive *bon* und *nul* zu bilden, verdoppelst du den Endkonsonanten und hängst ein *-e* an.
Aussprache:
nul [nyl] – *nulle* [nyl]
Die männliche und die weibliche Form werden gleich ausgesprochen.
bon [bɔ̃] – *bonne* [bɔn]
Die männliche und die weibliche Form werden unterschiedlich ausgesprochen.

📖 → 2: 1. *Le poulet est très bon.* 2. *Le film est nul.* 3. *Le cours de Mme Navarro est toujours intéressant.* 4. *Lucie est bonne en maths.*

M. Ardent est nul en gymnastique.

vingt-cinq **25**

21 Das Verb
Le verbe

21.1 Die regelmäßigen Verben auf -dre
Les verbes réguliers en *-dre*

	répondre
je	répond**s**
tu	répond**s**
il/elle/on	répond
nous	répondons
vous	répondez
ils/elles	répondent
Imperativ	Réponds. Répondons. Répondez.

Die regelmäßigen Verben auf *-dre* haben im Singular die Endungen *-s, -s, -d* und im Plural dieselben Endungen wie die regelmäßigen Verben auf *-er*: *-ons, -ez, -ent*.

📖 → 5a: *j'attends, tu attends, il/elle attend, nous attendons, vous attendez, ils/elles attendent*

📖 → 5b: *je comprends, tu comprends, il/elle comprend, nous comprenons, vous comprenez, ils/elles comprennent*

📖 → 5c: 1. *Nous prenons* 2. *Paul attend* 3. *Pauline attend* 4. *Paul et Pauline apprennent* 5. *Ils répondent*

Die 3. Person Singular endet bei französischen Verben nie auf *-s*!

Verben auf -dre enden im Singular auf -s, -s, -d.

21.2 Das unregelmäßige Verb prendre
Le verbe irrégulier *prendre*

je	prends
tu	prends
il/elle/on	prend
nous	pre**nons**
vous	pre**nez**
ils/elles	pre**nnent**
Imperativ	Prends. Prenons. Prenez.

Prendre ist ein unregelmäßiges Verb auf *-dre*.

⚠️ Es verliert in den Pluralformen das *-d-* des Stammes. Vergleiche: *nous répondons*, aber *nous prenons*. In der 3. Person Plural hat es *-nn-*.

📖 → 5b: *j'apprends, tu apprends, il/elle apprend, nous apprenons, vous apprenez, ils/elles apprennent*

📖 → 5c: 1. *prenons* 2. *attend* 3. *attend* 4. *apprennent* 5. *répondent*

Die Formen von prendre sind o.k., schreibst du den Plural ohne -d-.

21.3 Das futur composé
Le futur composé

Je **vais aller** à l'école.

Tu **vas prendre** le bus?

Il **va faire** des exercices.

Elle **va apprendre** la clarinette.

On **va rester** ici.

Nous **allons manger** à la cantine.

Vous **allez faire** vos devoirs?

Ils **vont travailler** ensemble.

Bisher hast du die Präsensformen des Verbs kennen gelernt, mit denen du über die Gegenwart berichten kannst, z.B. *Je vais à l'école*.
Hier lernst du eine weitere Form des Verbs kennen, mit der du ausdrücken kannst, dass eine Handlung in der Zukunft liegt: das *futur composé*. Sie gibt Antwort auf die Frage: Was wird geschehen?

→ 6a: Das *futur composé* bildest du mit einer Präsensform des Verbs *aller* und einem Infinitiv.

Je ne vais pas aller au cinéma, mardi.

Tu ne vas pas aller au collège, aujourd'hui?

Tarik ne va pas travailler au CDI après les cours.

Lucie ne va pas aller au conservatoire avec Valentin.

Nous n' allons plus jouer avec notre chien avant l'école.

Vous n' allez pas regarder la télé, ce soir?

Khaled et Pierre ne vont plus être en retard.

Éléna et Marie ne vont pas manger à la cantine, demain.

Du hast gelernt, dass die Verneinungswörter *ne ... pas* bzw. *ne ... plus* das konjugierte Verb umschließen. Das gilt auch im *futur composé*.

→ 6b: Mit den Verneinungswörtern *ne ... pas* bzw. *ne ... plus* schließt du nur die Präsensform von *aller* ein. Der Infinitiv steht hinter *pas*.

futur composé:
Präsensform von **aller** + **Infinitiv**
ne + Präsensform von **aller** + pas + **Infinitiv**
ne + Präsensform von **aller** + plus + **Infinitiv**

vingt-sept 27

22 Der Satz
La phrase

22.1 Die Frage mit Pourquoi? und Quand?
L'interrogation avec *Pourquoi?* et *Quand?*

Pourquoi est-ce que Manon travaille avec Tarik?
Quand est-ce qu'on a français?

> **Pourquoi est-ce que** + Subjekt + Verb
> **Quand est-ce que** + Subjekt + Verb

Nach einem Grund fragst du mit *Pourquoi est-ce que …?*, nach einem Zeitpunkt mit *Quand est-ce que …?* Die Satzstellung nach *Pourquoi est-ce que …?* und *Quand est-ce que …?* bleibt – im Unterschied zum Deutschen – dieselbe wie im Aussagesatz. Vor Vokal und stummem *h-* apostrophierst du *est-ce que* zu *est-ce qu'*.

22.2 Der Nebensatz mit parce que
La proposition subordonnée avec *parce que*

– Pourquoi est-ce que vous travaillez ensemble?
– Nous travaillons ensemble **parce que nous avons un test demain.**

– Pourquoi est-ce que Valentin va au conservatoire?
– Valentin va au conservatoire **parce qu'il a un cours de trompette.**

– Pourquoi est-ce que Lucie ne peut pas venir?
– Elle ne peut pas venir **parce qu'elle fait ses devoirs.**

	Subjekt	Verb	Ergänzung
… parce qu'	elle	fait	ses devoirs.

	Subjekt	Ergänzung	Verb
… weil	sie	Hausaufgaben	macht.

> **Nebensatz mit parce que:**
> **parce que** + Subjekt + Verb + Ergänzung

Nebensätze kennst du auch aus dem Deutschen. Nebensätze können nicht alleine stehen, weil sie von einem Hauptsatz abhängig sind, z. B. *Valentin geht in die Musikschule, **weil er Trompetenstunde hat.***

Parce que leitet einen Nebensatz ein. Mit *parce que* kannst du etwas begründen. Vor Vokal und *h-* wird *parce que* apostrophiert: *parce qu'*.

📖 → 4a: *Pauline ist zufrieden, weil Wochenende ist. Lucie ist unglücklich, weil sie in Englisch acht Punkte hat.*
Im französischen Nebensatz mit *parce que* steht das Verb vor der Ergänzung. Das heißt, im Französischen hat ein Nebensatz die gleiche Wortstellung wie ein Hauptsatz: Subjekt + Verb + Ergänzung.
⚠ Im Deutschen steht das Verb im Nebensatz an letzter Stelle!

📖 → 4b: *1. Valentin est triste parce que Manon travaille avec Tarik. 2. Paul est content parce qu'il va au cirque aujourd'hui. 3. Paul rentre tard parce qu'il fait les courses.*

28 vingt-huit

23 Die Uhrzeit
L'heure

    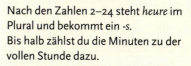

Il est une heure.   Il est deux heures cinq.   Il est trois heures dix.   Il est quatre heures **et** quart.

Nach den Zahlen 2–24 steht *heure* im Plural und bekommt ein *-s*.
Bis halb zählst du die Minuten zu der vollen Stunde dazu.

Il est cinq heures vingt.   Il est six heures vingt-cinq.   Il est sept heures **et** demie.   Il est huit heures moins vingt-cinq.

Ab halb ziehst du die Minuten von der nächsten vollen Stunde ab.

Il est neuf heures moins vingt.   Il est dix heures moins **le** quart.   Il est onze heures moins dix.   Il est midi/ minuit moins cinq.

Il est midi.   Il est minuit.

Grammatische Begriffe, die in Unité 6 verwendet werden
Le vocabulaire grammatical de l'unité 6

deutsche Bezeichnung	Fremdwort	französische Bezeichnung
der Nebensatz		la proposition subordonnée
die zusammengesetzte Zukunft		le futur composé

vingt-neuf **29**

UNITÉ 7 Lyon, notre ville: un dossier

24 Der zusammengezogene Artikel mit der Präposition *de*
L'article contracté avec la préposition *de*

À six heures, Tarik sort **du** collège. (le collège)
... aus der Schule

Les policiers ont un plan **des** traboules. (les traboules)
... der Traboules

Le cinéma est à droite **de la** poste. (la poste)
... von der Post

Les enfants sortent **de l'**école. (l'école)
... aus der Schule

de + le	=	**du**
de + les	=	**des**
de + la	=	de la
de + l'	=	de l'

→ 2a: Die Präposition *de* ziehst du mit den bestimmten Artikeln *le* und *les* zusammen.
Mit den bestimmten Artikeln *la* und *l'* wird *de* nicht zusammengezogen.

→ 2b: Die Artikel *le* und *les* werden auch mit der Präposition *à* zusammengezogen: *à + le = au, à + les = aux* (s. Unité 5, S. 21).

→ 2c: 1. *de l'école* 2. *des élèves* 3. *près de la boulangerie* 4. *de sa famille* 5. *des cinémas*

Der Artikel *le* macht Müh: denn aus *de* und *le* wird *du*.

Und auch der Artikel *les* verschmilzt mit *de* immer zu *des*.

près de	(le cinéma)	→	près **du** cinéma
en face de	(le parc)	→	en face **du** parc
à gauche de	(le marché)	→	à gauche **du** marché
à droite de	(les Galeries Lafayette)	→	à droite **des** Galeries Lafayette

⚠ Auch nach präpositionalen Ausdrücken musst du daran denken, *de* mit den bestimmten Artikeln *le* und *les* zusammenzuziehen.

25 Das Pronomen
Le pronom

25.1 Das direkte Objektpronomen
Le pronom objet direct

Valentin: Les professeurs ne **me** comprennent pas.

Manon: Mais tes copains **te** comprennent.

Il cherche le bandit, mais il ne **le** trouve pas.

Paul aime la légende et il **la** raconte bien.

Tu **nous** attends?

D'accord, je **vous** attends.

Victor cherche les cassettes et il **les** trouve vite.

Anstelle eines direkten Objektes kann auch ein Pronomen stehen: das direkte Objektpronomen. Die direkten Objektpronomen *le, la, les* verwendest du, um auf Personen oder Sachen zu verweisen, von denen schon einmal die Rede war. So kannst du Wiederholungen vermeiden.

Die Objektpronomen lernst du am besten als eine Reihe: me, te, le, la, nous, vous, les.

La géographie **m'** intéresse beaucoup.
L'histoire **t'** intéresse aussi?
Tu achètes le plan de Lyon? Oui, je **l'** achète.
Tu écoutes la prof? Oui, je **l'** écoute.

Vor einem Verb, das mit Vokal beginnt, werden die direkten Objektpronomen *me, te, le, la* zu *m', t'* und *l'* verkürzt. Dem apostrophierten *l'* kannst du nicht ansehen, ob es männlich oder weiblich ist. Das ergibt sich nur aus dem Zusammenhang.

25.2 Die Stellung des direkten Objektpronomens
La place du pronom objet direct

Lucie: Tu cherches la traboule, Manon?
Manon: Oui, je **la** cherche. Mais je ne la trouve pas .
Lucie: Et toi, Paul?
Paul: Je ne la cherche plus . Moi, j'ai un plan, maintenant.
Lucie: Manon, tu veux aussi acheter le plan des traboules?
Manon: Non, je ne vais pas l'acheter. Je vais aller avec Paul.

Die Objektpronomen sind so klein,
die wollen gut behütet sein.
Damit sie nicht verloren gehn,
solln sie direkt vor der Verbform stehn.

→ 4a: Im französischen Satz steht das Objektpronomen vor dem Verb. Im verneinten Satz steht das Objektpronomen auch vor dem Verb und zwischen *ne* und *pas* bzw. *ne* und *plus*. Im *futur composé* steht das Objektpronomen vor dem Infinitiv.

→ 4b: 1. *le cherche / ne le trouve pas* 2. *les attend* 3. *l'écoute* 4. *les cherche* 5. *ne la trouve pas* 6. *l'attend*

→ 4c: 1. *Je t'écoute.* 2. *Il m'attend.* 3. *Où sont les CD? Je les cherche.* 4. *Vous me comprenez?* 5. *Oui, je vous comprends.*

26 Das Verb
Le verbe

26.1 Die Verben auf *-ir*
Les verbes en *-ir*

	sortir
je	sors
tu	sors
il/elle/on	sort
nous	sortons
vous	sortez
ils/elles	sortent
Imperativ	Sors. Sortons. Sortez.

⚠ Die Verben *sortir* und *partir* enden im Singular auf *-s, -s, -t*. In der 1. und 2. Person Singular fällt der letzte Konsonant des Stamms, also das *-t-*, weg.

→ 3a: *je pars, tu pars, il/elle part, nous partons, vous partez, ils/elles partent*

→ 3b: *je pèse, tu pèses, il/elle pèse, nous pesons, vous pesez, ils/elles pèsent*

26.2 Das unregelmäßige Verb *dire*
Le verbe irrégulier *dire*

je	dis
tu	dis
il/elle/on	dit
nous	disons
vous	dites
ils/elles	disent
Imperativ	Dis. Disons. Dites.

être – vous êtes
faire – vous faites
dire – vous dites

Das Verb *dire* ist im Singular regelmäßig: Die Singularformen enden auf *-s, -s, -t*. In der 1. und der 3. Person Plural wird ein *-s-* zwischen Stamm und Endung eingeschoben. Die 2. Person Plural endet auf *-tes*. Diese Endung kennst du schon von den Verben *être – vous êtes* und *faire – vous faites*.

26.3 Das unregelmäßige Verb venir
Le verbe irrégulier *venir*

je	viens
tu	viens
il/elle/on	vient
nous	venons
vous	venez
ils/elles	vie**nn**ent
Imperativ	Viens. Venons. Venez.

Nur die endungsbetonten Formen (1. und 2. Person Plural) von *venir* sind regelmäßig. Die stammbetonten Formen bekommen ein zusätzliches *-i-* und die 3. Person Plural *(ils/elles)* schreibst du außerdem mit *-nn-*.

> Sortir, dire und venir enden im Singular auf **-s, -s, -t**.

26.4 Das direkte und das indirekte Objekt
Le complément d'objet direct et indirect

Subjekt	Verb	direktes Objekt
Elle	fait	des interviews.
Ils	aiment	Lyon.

Subjekt	Verb	indirektes Objekt
Paul	parle	**à un monsieur.**
Le monsieur	répond	**à Paul.**

Du weißt schon, dass im Französischen das direkte Objekt direkt, das heißt ohne Präposition, an das Verb angeschlossen wird (s. Unité 4, S. 20).

Im Französischen gibt es auch Verben, an die das Objekt mit der Präposition *à* angeschlossen wird. Ein mit *à* an das Verb angeschlossenes Objekt heißt indirektes Objekt. Es gibt auch indirekte Objekte, die mit der Präposition *de* an das Verb angeschlossen werden. Bisher kennst du: *parler de qc – über etwas sprechen*.

Steht eine Präposition vor dem Objekt, so nennt man dieses „indirekt".

qn = quelqu'un (jemand)
qc = quelque chose (etwas)

Ob ein Verb ein direktes oder indirektes Objekt anschließen muss, steht in den Wortlisten deines Schülerbuches *À plus!* oder im Wörterbuch. Die Angabe *qn* bedeutet, dass du Personen als Objekt anschließen kannst (z. B.: *Paul, mes copains*), die Angabe *qc* bedeutet, dass du Sachen als Objekt anschließen kannst (z. B. *le livre, le sport*).

> direktes Objekt: Verb + qn/qc
> indirektes Objekt: Verb + à qn / à qc

trente-trois 33

Je cherche	quelqu'un / quelque chose.	direktes Objekt	
Ich suche	jemanden/etwas.	Akkusativobjekt	
Il regarde	quelqu'un / quelque chose.	direktes Objekt	
Er sieht	jemanden/etwas an.	Akkusativobjekt	
Elle écoute	quelque chose.	direktes Objekt	
Sie hört	etwas an.	Akkusativobjekt	
Aber: Elle écoute	quelqu'un.	direktes Objekt	
Sie hört	jemandem zu.	⚠ Dativobjekt	
Je réponds	à quelqu'un.	indirektes Objekt	
Ich antworte	jemandem.	Dativobjekt	
Elle parle	à quelqu'un.	indirektes Objekt	
Sie spricht **mit**	jemandem.		
Aber: Ils demandent	à quelqu'un.	indirektes Objekt	
Sie fragen	jemanden.	⚠ Akkusativobjekt	

Häufig entspricht ein französisches direktes Objekt einem deutschen Akkusativobjekt und ein französisches indirektes Objekt einem deutschen Dativobjekt.
Aber einige Verben, die im Französischen ein direktes Objekt haben, haben im Deutschen ein Dativobjekt.

Und einige Verben, die im Französischen ein indirektes Objekt haben, haben im Deutschen ein Akkusativobjekt oder einen anderen Anschluss. Deshalb musst du die französischen Verben immer mit ihrem Anschluss lernen.

27 Der Nebensatz mit quand
La proposition subordonnée avec *quand*

Quand il fait chaud, Valentin va à l'école à pied.
Quand Paul veut acheter un cadeau, il va aux Galeries Lafayette.

	Subjekt	Verb	Ergänzung
Quand	Paul	veut acheter	un cadeau, …

	Subjekt	Ergänzung	Verb
Wenn	Paul	ein Geschenk	kaufen will, …

Nebensatz mit quand:
quand + Subjekt + Verb + Ergänzung

Du kennst schon den Nebensatz mit *parce que* (s. Unité 6, S. 28). Auch *quand* leitet einen Nebensatz ein.
Im Nebensatz mit *quand* steht das Verb vor der Ergänzung. Das heißt, der Nebensatz hat die gleiche Wortstellung wie ein Hauptsatz: Subjekt + Verb + Ergänzung.
Im Deutschen steht das Verb im Nebensatz an letzter Stelle!

Grammatische Begriffe, die in Unité 7 verwendet werden
Le vocabulaire grammatical de l'unité 7

deutsche Bezeichnung	Fremdwort	französische Bezeichnung
das Fürwort	das Pronomen	le pronom
	das indirekte Objekt	le complément d'objet indirect
	das direkte Objektpronomen	le pronom objet direct

34 trente-quatre

UNITÉ Supplémentaire à la carte

SÉQUENCE SUPPLÉMENTAIRE 1 *facultatif*

28 Der Demonstrativbegleiter
Le déterminant démonstratif

	männlich		weiblich	
	vor Konsonant	vor Vokal	vor Konsonant	vor Vokal
	ce garçong	**cet** ordinateur	**cette** fille	**cette** idée
	ces garçonsg	**ces** ordinateurs	**ces** filles	**ces** idées

vor männlichen Nomen mit Konsonant: **ce**
vor männlichen Nomen mit Vokal: **cet**
vor weiblichen Nomen immer: **cette**
im Plural immer: **ces**

Ce matin heißt *heute Morgen*,
ce soir heißt *heute Abend* und
cet après-midi heißt *heute Nachmittag*.

– Tu fais **cet** exercice, maintenant?
– Non, je fais d'abord **ce** petit exercice.

Die Demonstrativbegleiter verwendest du, wenn du auf bestimmte Gegenstände oder Personen hinweisen willst: **dieser** Computer, **dieses** Mädchen. Den Demonstrativbegleiter gleichst du dem Nomen, vor dem er steht, in Geschlecht und Zahl an. Im Plural gibt es nur eine Form für männliche und weibliche Nomen.

Bei der Aussprache machst du zwischen *cet* und *cette* keinen Unterschied. Wenn auf *ces* ein Nomen folgt, das mit Vokal beginnt, bindest du das -s von *ces* als   mit dem folgenden Vokal.

📖 → 3a: *Cet* steht vor männlichen Nomen, die mit Vokal oder mit stummem *h*- beginnen.
📖 → 3b: *cet ordinateur, cette fleur, ce magasin, ce musée, ces étagères, cette histoire, cet hôpital, ces horloges, ces hommes*

⚠ Nicht immer wird der Demonstrativbegleiter *ce* mit *dieser* übersetzt.

⚠ Die Form *cet* verwendest du nur, wenn sie direkt vor einem Nomen/Adjektiv steht, das mit einem Vokal (oder einem stummen *h*) beginnt.

29 Das unregelmäßige Verb *savoir*
Le verbe irrégulier *savoir*

je	**sais**
tu	**sais**
il/elle/on	**sait**
nous	savons
vous	savez
ils/elles	savent
Imperativ	Sache. Sachons. Sachez.

Das Verb *savoir* hat unregelmäßige Singularformen. Die Pluralformen sind regelmäßig.

trente-cinq **35**

SÉQUENCE SUPPLÉMENTAIRE 2 facultatif

30 Das Pronomen
Le pronom

30.1 Das Relativpronomen qui
Le pronom relatif *qui*

Un chien est un copain. Un chien aime toujours jouer.

Un chien est un copain **qui** aime toujours jouer.

Simon a un copain **qui** a deux chiens.   … einen Freund, **der** …

J'ai une copine **qui** déteste les chiens.   … eine Freundin, **die** …

Laetitia garde un enfant **qui** a un chat.   … ein Kind, **das** …

Tu as des amis **qui** ont des chiens?   … Freunde, **die** …

Il a des amies **qui** adorent les chats.   … Freundinnen, **die** …

Das Relativpronomen *qui* leitet einen Relativsatz ein. Relativsätze sind Nebensätze. Sie geben zusätzliche Informationen meist zu Nomen, die im Hauptsatz vorkommen.
Qui ist das **Subjekt des Relativsatzes**. Auf *qui* folgt deshalb das Verb. *Qui* ist unveränderlich. Das ist im Deutschen anders. Das deutsche Relativpronomen richtet sich nach dem Bezugswort.
Qui steht für die deutschen Relativpronomen *der, die, das, die*.

📖 → 2a: … ein Freund, der immer gern spielt. … eine Hündin, die sehr lustig ist. … Hunde, die nicht viel bellen.

30.2 Das Relativpronomen que
Le pronom relatif *que*

Lyon est une belle ville. Lucie aime beaucoup cette ville.

Lyon est une belle ville **que** Lucie aime beaucoup.

Il a un chien **qu'**il adore.   … einen Hund, **den** er …

Où est la chatte **que** tu soignes?   … die Katze, **die** du …

Voilà la nourriture **que** je cherche.   … das Futter, **das** ich …

Voilà les chiens **que** je promène.   … die Hunde, **die** ich …

On a des voisines **qu'**on aime bien.   … Nachbarinnen, **die** wir …

Auch das Relativpronomen *que* leitet einen Relativsatz ein. *Que* ist immer das **direkte Objekt des Relativsatzes**. Auch *que* ist unveränderlich. *Que* steht für die deutschen Relativpronomen *den, die, das, die*.

📖 → 2b: *Qui* ist immer das Subjekt des Relativsatzes. Auf *qui* folgt deshalb ein Verb.

📖 → 3a: … ein Beruf, den du nicht ohne Probleme machen kannst. … das Futter, das man kaufen muss. … Nachbarn, die ich nicht besonders mag.

📖 → 3b: *Que* ist immer das direkte Objekt des Relativsatzes. Auf *que* folgt das Subjekt des Relativsatzes.

Vor Vokal wird *que* apostrophiert.

36 trente-six

30.3 Das Relativpronomen où
Le pronom relatif *où*

Elle cherche un endroit **où** elle peut jouer avec son chien.

Il y a des endroits **où** elle ne peut pas aller avec son chien.

Ou heißt *oder* und *où* heißt *wo*. Das darfst du nicht verwechseln.

Ich merk mir einfach den Satz: Auf dem *wo* sitzt ein „Floh".

Auch mit dem Relativpronomen *où* kannst du einen Relativsatz einleiten. *Où* steht anstelle einer Ortsangabe. Auf *où* folgt das Subjekt des Satzes.

trente-sept **37**

SÉQUENCE SUPPLÉMENTAIRE 3 facultatif

31 Das Verb commencer
Le verbe *commencer*

je	commence
tu	commences
il/elle/on	commence
nous	commençons
vous	commencez
ils/elles	commencent
Imperativ	Commence. Commençons. Commencez.

Commencer ist ein Verb auf *-er*, das eine kleine Unregelmäßigkeit hat: In der 1. Pers. Pl. wird aus dem *-c-* vor der Endung *-ons* ein *-ç-*. Das Häkchen am *-ç-* ist notwendig, da sonst das *-c-* wie ein [k] gesprochen würde.

32 Die indirekte Rede
Le discours indirect

Direkte Rede	Indirekte Rede
Séverine: «Je voudrais être actrice.»	Séverine **dit qu'**elle voudrait être actrice.
Ses parents: «Ce n'est pas possible.»	Ses parents **répondent que** ce n'est pas possible.
Mme Riou: «On doit commencer tôt.»	Mme Riou **raconte qu'**on doit commencer tôt.

Direkte Rede	Indirekte Rede
Luc: «Je cherche mon sac.»	Luc dit qu'**il cherche son** sac.
Mia: «Je vais t'attendre.»	Mia dit qu'**elle va l'**attendre.

Wenn du wiedergeben willst, was eine andere Person sagt, verwendest du nicht die direkte (wörtliche) Rede, sondern die indirekte Rede.

📖 → 3: Wenn du Sätze von der direkten in die indirekte Rede umwandelst, musst du ein Verb der Redeeinleitung, wie z. B. *dire, répondre, raconter,* und die Konjunktion *que (dass)* vor den Aussagesatz stellen. Du musst auch die Pronomen, Verben und die Begleiter der Nomen an die veränderte Situation angleichen.

38 trente-huit

SÉQUENCE SUPPLÉMENTAIRE 4 [facultatif]

33 Das Verb
Le verbe

33.1 Das passé composé
Le passé composé

On **fait** un CD avec notre prof.	présent
On **va faire** un CD avec notre prof.	futur composé
On **a fait** un CD avec notre prof.	passé composé

Bisher hast du Verben im *présent* (Gegenwart) und im *futur composé* (Zukunft) verwendet. Hier lernst du das *passé composé* (zusammengesetzte Vergangenheit) kennen. Mit dem *passé composé* drückst du aus, dass eine Handlung in der Vergangenheit geschehen ist.

33.2 Die Bildung des passé composé
La formation du passé composé

j'	ai	trouvé		je	suis	allé/allée
tu	as	trouvé		tu	es	allé/allée
il	a	trouvé		il	est	allé
elle	a	trouvé		elle	est	allée
nous	avons	trouvé		nous	sommes	allés/allées
vous	avez	trouvé		vous	êtes	allé(s)/allée(s)
ils	ont	trouvé		ils	sont	allés
elles	ont	trouvé		elles	sont	allées

Elles **ont** été partout.   Sie sind gewesen ...

Das *passé composé* wird aus der Präsensform eines Hilfsverbs und dem Partizip Perfekt (Mittelwort der Vergangenheit) eines Verbs gebildet. Die zwei Hilfsverben im Französischen sind: *avoir* und *être*.
Die meisten Verben bilden das *passé composé* mit dem Hilfsverb *avoir*. Das Perfekt im Deutschen wird genauso gebildet wie das *passé composé*.

⚠ Das Verb *être* hat das Hilfsverb *avoir*.

📖 → 1: Wenn ein Verb im *passé composé* das Hilfsverb *être* hat, musst du daran denken, das Partizip Perfekt dem Subjekt anzugleichen. Das Partizip verhält sich wie ein Adjektiv. Das heißt:
Die weibliche Singularform bekommt ein *-e* hinzu, die männliche Pluralform ein *-s* und die weibliche Pluralform *-es*.

⚠ Bezieht sich das Partizip zugleich auf männliche und weibliche Personen oder Sachen, benutzt du die männliche Form des Partizips. Das kennst du schon von den Adjektiven.

Diese Verben bilden das *passé composé* mit *être*. Alle diese Verben haben auch im Deutschen das Hilfsverb *sein*.

33.3 Das Partizip Perfekt
Le participe passé

Verben auf -er

jou**er**	→	jou**é**
regard**er**	→	regard**é**
all**er**	→	all**é**

Das *passé composé* bildest du mit einer Form der Verben, die Partizip Perfekt (Mittelwort der Vergangenheit) heißt. Das Partizip Perfekt der Verben auf *-er* endet auf *-é*.

Verben auf -dre

enten**dre**	→	enten**du**
répon**dre**	→	répon**du**
atten**dre**	→	atten**du**

Das Partizip Perfekt der regelmäßigen Verben auf *-dre* bildest du mit *-u*.

Verben auf -ir

| sort**ir** | → | sort**i** |
| part**ir** | → | part**i** |

Das Partizip Perfekt der regelmäßigen Verben auf *-ir* bildest du mit *-i*.

unregelmäßige Verben

être	→	été	vouloir	→	voulu
faire	→	fait	pouvoir	→	pu
dire	→	dit	venir	→	venu
			avoir	→	eu [y]
prendre	→	pris			
apprendre	→	appris			
comprendre	→	compris			
mettre	→	mis			

⚠ Einige der wichtigsten Verben haben unregelmäßige Partizipien.

 Gerade die Verben, die man am häufigsten braucht, haben unregelmäßige Partizipien.

Am besten lernst du sie auswendig.

33.4 Die Verneinung beim passé composé
La négation avec le passé composé

– Est-ce qu'ils **sont allés** à Lyon?
– Non, ils ne **sont** pas **allés** à Lyon.

– Est-ce que Lucie **a travaillé** avec Paul, hier?
– Non, elle n' a plus **travaillé** avec Paul
  depuis mardi.

Du hast gelernt, dass die Verneinungs-
wörter *ne ... pas* bzw. *ne ... plus* das kon-
jugierte Verb umschließen. Das ist im
passé composé nur das Hilfsverb.

> *passé composé:*
> Präsensform von **avoir/être** + **Partizip Perfekt**
> ne + Präsensform von **avoir/être** + pas + **Partizip Perfekt**
> ne + Präsensform von **avoir/être** + plus + **Partizip Perfekt**

33.5 Die Satzstellung beim passé composé
L'ordre des mots avec le passé composé

Subjekt	Hilfsverb	Adverb	Partizip Perfekt	Ergänzung
Nathan	**a**		**invité**	son correspondant.
Felix	n'**a** pas		**aimé**	l'école.
La fête	**a**		**été**	géniale.
Je	n'**ai** pas		**été**	à Lyon.
Sa mère	**est**		**rentrée**	de l'hôpital.
Ils	ne **sont** pas		**venus**.	
Ça	**a**	très bien	**marché**.	
Nous	**avons**	beaucoup	**travaillé**.	

Im Französischen steht die Ergänzung
immer hinter dem Partizip. Im Deut-
schen steht die Ergänzung hinter dem
Hilfsverb, z. B. *Nathan hat* **seinen Brief-
freund** *eingeladen.*

Grammatische Begriffe, die in der Unité supplémentaire verwendet werden
Le vocabulaire grammatical de l'unité supplémentaire

deutsche Bezeichnung	Fremdwort	französische Bezeichnung
der hinweisende Begleiter	der Demonstrativbegleiter	le déterminant démonstratif
das bezügliche Fürwort	das Relativpronomen	le pronom relatif
der Bezugssatz	der Relativsatz	la proposition relative
die wörtliche Rede	die direkte Rede	le discours direct
	die indirekte Rede	le discours indirect
die zusammengesetzte Vergangenheit	das Perfekt	le passé composé
das Mittelwort der Vergangenheit	das Partizip Perfekt	le participe passé
das Hilfszeitwort	das Hilfsverb	le verbe auxiliaire

quarante et un **41**

ANNEXE

34 Buchstaben und Laute
Les lettres et les sons

-e-: [ə], [e] oder [ɛ]?

	Schreibung	Aussprache	
le, de, regarder	e	[ə] wie in Kab**e**l	
écouter, école	é	[e] wie in S**ee**	
mère, père, étagère	è	[ɛ] wie in W**e**lt, **E**nte	
être, rêver, fête	ê	[ɛ] wie in W**e**lt, **E**nte	

⚠ Zwischen -è- und -ê- gibt es keinen Unterschied in der Aussprache.

-c-: [k] oder [s]?

cadeau, **c**ollège, **c**uisine
c'est, **c**entime, **c**inéma, **c**irque
français, ça, garçon, leçon

Vor -a, -o, -u wird -c- wie [k] gesprochen, vor -e, -i wird -c- wie [s] gesprochen. Soll ein -c- vor -a oder -o doch wie ein [s] gesprochen werden, erhält es eine „cédille": -ç-.

-g-: [g] oder [ʒ]?

gare, **g**omme, lé**g**umes
génial, â**g**e, ré**g**ion, technolo**g**ie
nous man**ge**ons
nous ran**ge**ons
ba**gu**ette, **gu**ide

Vor -a, -o, -u wird -g- wie [g] gesprochen, vor -e, und -i wird -g- wie [ʒ] gesprochen. Soll ein -g- vor -a oder -o doch wie [ʒ] gesprochen werden, schreibt man -ge-.
Soll ein -g- vor -e oder -i doch [g] gesprochen werden, schreibst man -gu-.

h-: h- muet oder h- aspiré?

Welches *h-* behaucht und welches *h-* stumm ist, musst du mit jedem Wort, das mit *h-* beginnt, mitlernen.

Im Französischen gibt es zwei *h-*: das *h- muet* (stummes *h-*) und das *h- aspiré* (behauchtes *h-*). Beide werden nicht ausgesprochen. Französische Wörter, die mit *h-* beginnen, werden so ausgesprochen, als würde das Wort mit dem folgenden Vokal beginnen.
Trotzdem gibt es Unterschiede!

Ein *h- muet* (stummes *h-*) wird behandelt wie ein Vokal:
Vor einem stummen *h-*

l'homme, l'heure
j'habite
mon_histoire f.
cet_homme

– apostrophierst du den bestimmten Artikel,
– apostrophierst du *je*,
– verwendest du vor weiblichen Nomen *mon* (nicht *ma*),
– verwendest du vor männlichen Nomen *cet* (nicht *ce*).

le handball

Ein behauchtes *h-* (*h- aspiré*) behandelst du wie einen Konsonanten. Vor einem Nomen, das mit *h- aspiré* beginnt, verwendest du *le* und *la*, nicht *l'*.

42 quarante-deux

35 Das Verb
Le verbe

35.1 Verbarten
Les types de verbes

parler	Je **parle**.
sortir	Il **sort**.
avoir	Elle **a** un chien.
être	Je **suis** à Paris.
aller	Ils **vont** au cinéma.

In **À plus!** **1** hast du Vollverben und Hilfsverben kennen gelernt. **Vollverben** drücken eine Handlung oder einen Zustand aus. *Être, avoir* und *aller* sind Voll- und Hilfsverben.

avoir	J'**ai** parlé.
être	Elle **est** partie.
aller	Il **va** partir.

Im Französischen gibt es drei **Hilfsverben**. Mit den Hilfsverben bildest du die zusammengesetzten Zeiten (*passé composé* und *futur composé*).

35.2 Die Formen des Verbs
Les formes du verbe

Nichtkonjugierte Verbformen

regarder
sortir
attendre
avoir
être

Der **Infinitiv** ist die Grundform des Verbs. Ein Verb findest du im Infinitiv im Wörterbuch. An der Endung des Infinitivs kannst du häufig erkennen, zu welcher Konjugationsgruppe ein Verb gehört, z. B. zu den Verben auf -*er* oder auf -*dre*.

Ils ont **mangé**.
J'ai **attendu**.
Il est **parti**.

Das **Partizip Perfekt** verwendest du zur Bildung des *passé composé*. Es besteht aus einem Stamm und einer Endung (s. Unité supplémentaire, S. 40).

Konjugierte Verbformen

	Stamm	Endung	
	regard	-er	(Infinitiv)
tu	regard	-es	(2. Person Singular)
ils	regard	-ent	(3. Person Plural)

Jedes Verb kommt in unterschiedlichen Formen vor: Es wird konjugiert. Die konjugierten Verbformen bestehen aus Stamm und Endung. Die Endung zeigt die Person an.

je regard -e	[ʒəʀəgaʀd]
tu regard -es	[tyʀəgaʀd]
il regard -e	[ilʀəgaʀd]
elle regard -e	[ɛlʀəgaʀd]
ils regard -ent	[ilʀəgaʀd]
elles regard -ent	[ɛlʀəgaʀd]

Es gibt stammbetonte und endungsbetonte Verbformen. Die Endungen der 1., 2., 3. Person Singular und der 3. Person Plural werden nicht ausgesprochen. Diese Verbformen sind **stammbetont**.

nous regard -ons	[nuʀəgaʀdɔ̃]
vous regard -ez	[vuʀəgaʀde]

Die Endungen der 1. und 2. Person Plural werden ausgesprochen. Diese beiden Verbformen sind **endungsbetont**.

quarante-trois **43**

36 Die Konjugation der Verben
La conjugaison des verbes

36.1 Die unregelmäßigen Verben avoir und être
Les verbes irréguliers *avoir* et *être*

être	avoir
je suis	j' ai
tu es	tu as
il/elle est	il/elle a
nous sommes	nous avons
vous êtes	vous avez
ils/elles sont	ils/elles ont

36.2 Die regelmäßigen Verben auf -er
Les verbes réguliers en *-er*

parler	ebenso:
je parle	adorer, aimer, allumer, arrêter, arriver, bousculer, chercher, coller, continuer,
tu parles	coûter, demander, détester, deviner, discuter, donner, écouter, entrer, étonner,
il/elle parle	fermer, garder, habiter, intéresser, inviter, jouer, marcher, montrer, noter,
nous parlons	observer, oublier, passer, photographier, pleurer, poser, préparer, promener,
vous parlez	proposer, raconter, regarder, rentrer, respirer, rester, retrouver, rêver, sonner,
ils/elles parlent	téléphoner, tomber, travailler, trouver, visiter
Imperativ Parle. Parlons. Parlez.	

⚠ Die folgenden Verben auf -er haben jeweils eine Besonderheit in der Schreibung.

acheter	commencer	manger	préférer
j' ach**è**te	je commence	je mange	je préf**è**re
tu ach**è**tes	tu commences	tu manges	tu préf**è**res
il/elle ach**è**te	il/elle commence	il/elle mange	il/elle préf**è**re
nous achetons	nous commen**ç**ons	nous mang**e**ons	nous préférons
vous achetez	vous commencez	vous mangez	vous préférez
ils/elles ach**è**tent	ils/elles commencent	ils/elles mangent	ils/elles préf**è**rent
Imperativ Ach**è**te.	Imperativ Commence.	Imperativ Mange.	Imperativ Préf**è**re.
Achetons.	Commen**ç**ons.	Mang**e**ons.	Préférons.
Achetez.	Commencez.	Mangez.	Préférez.

ebenso: épeler, peser   *ebenso:* ranger

36.3 Die regelmäßigen Verben auf -dre
Les verbes réguliers en *-dre*

attendre
j' attends
tu attends
il/elle attend
nous attendons
vous attendez
ils/elles attendent
Imperativ Attends. Attendons. Attendez.

ebenso: entendre, répondre

44 quarante-quatre

36.4 Die Verben auf -ir
Les verbes en *-ir*

sortir
je sors
tu sors
il/elle sort
nous sortons
vous sortez
ils/elles sortent
Imperativ Sors.
Sortons.
Sortez.

ebenso: partir

36.5 Die unregelmäßigen Verben
Les verbes irréguliers

aller	**dire**	**faire**	**mettre**	**pouvoir**
je vais	je dis	je fais	je mets	je peux
tu vas	tu dis	tu fais	tu mets	tu peux
il/elle va	il/elle dit	il/elle fait	il/elle met	il/elle peut
nous allons	nous disons	nous faisons	nous mettons	nous pouvons
vous allez	vous dites	vous faites	vous mettez	vous pouvez
ils/elles vont	ils/elles disent	ils/elles font	ils/elles mettent	ils/elles peuvent
Imperativ Va.	Imperativ Dis.	Imperativ Fais.	Imperativ Mets.	*kein Imperativ*
Allons.	Disons.	Faisons.	Mettons.	
Allez.	Dites.	Faites.	Mettez.	

prendre	**savoir**	**venir**	**vouloir**
je prends	je sais	je viens	je veux
tu prends	tu sais	tu viens	tu veux
il/elle prend	il/elle sait	il/elle vient	il/elle veut
nous prenons	nous savons	nous venons	nous voulons
vous prenez	vous savez	vous venez	vous voulez
ils/elles prennent	ils/elles savent	ils/elles viennent	ils/elles veulent
Imperativ Prends.	Imperativ Sache.	Imperativ Viens.	*kein Imperativ*
Prenons.	Sachons.	Venons.	
Prenez.	Sachez.	Venez.	

ebenso: apprendre, comprendre

36.6 Das futur composé
Le futur composé

faire
je vais faire
tu vas faire
il/elle va faire
nous allons faire
vous allez faire
ils/elles vont faire

37 Die Präpositionen
Les prépositions

Hier findest du die Präpositionen, die du in **À plus! 1** kennen gelernt hast:

37.1 Die Präpositionen des Ortes
Les prépositions de lieu

aller	à	droite	<u>nach</u> rechts
	à	gauche	<u>nach</u> links
	à	Lyon	<u>nach</u> Lyon
	à	la gare	<u>zum</u> Bahnhof
	à	la maison	<u>nach</u> Hause
	à	l'école	<u>zur</u> Schule / <u>in die</u> Schule
	au	cinéma	<u>ins</u> Kino
	chez	Manon	<u>zu</u> Manon
	en	France	<u>nach</u> Frankreich
être	à	Lyon	<u>in</u> Lyon
	à	la maison	<u>zu</u> Hause
	au	lit	<u>im</u> Bett
	chez	Lucie	<u>bei</u> Lucie
	dans	le sac	<u>in</u> der Tasche
	devant	la télé	<u>vor</u> dem Fernseher
	derrière	l'ordinateur	<u>hinter</u> dem Computer
	en	France	<u>in</u> Frankreich
	en	sixième	<u>in</u> der 6. Klasse
	en face de	la souris	<u>gegenüber</u> der Maus
	entre	deux bouteilles	<u>zwischen</u> zwei Flaschen
	près de	Paris	<u>in der Nähe von</u> Paris
	sous	l'armoire	<u>unter</u> dem Schrank
	sur	l'étagère	<u>auf</u> dem Regal

37.2 Die Präpositionen der Zeit
Les prépositions de temps

	à	deux heures	<u>um</u> zwei Uhr
	à	demain	<u>bis</u> morgen
	à	15 minutes de l'école	15 Minuten <u>von</u> der Schule <u>entfernt</u>
	après	les maths	<u>nach</u> Mathe
	avant	la gym	<u>vor</u> Sport
	en	juillet	<u>im</u> Juli
	en	ce moment	<u>im</u> Augenblick
	en	avance	<u>zu</u> früh
	en	retard	<u>zu</u> spät
	jusqu'à	cinq heures	<u>bis</u> 5 Uhr
	pendant	les cours	<u>während</u> des Unterrichts

à Lyon — à la maison

au lit — chez Lucie

dans le sac — devant la télé

derrière l'ordinateur — en face de la souris

en France — en sixième

entre deux bouteilles — près de Paris

sous l'armoire — sur l'étagère

46 quarante-six

37.3 Andere Präpositionen
Autres prépositions

à	la place de	anstelle von
à	pied	zu Fuß
avec	Pauline	mit Pauline
de	Tarik	von Tarik
en	géographie	in Erdkunde
pour	Manon	für Manon
pour	la musique	wegen der Musik
sans	Valentin	ohne Valentin

38 Liste der grammatischen Begriffe
Liste des expressions grammaticales

In dieser Liste findest du alle Begriffe wieder, die im Grammatikheft verwendet werden. Die Zahlen in Klammern geben dir den Abschnitt und die Seite an, auf der du ausführliche Erklärungen zu den Begriffen findest. Suchst du einen Begriff, der aus Nomen und einem anderen Wort besteht, musst du unter dem Nomen nachsehen. Erklärungen zum bestimmten Artikel findest du also unter: Artikel, bestimmter.

Adjektiv
(un adjectif), Eigenschaftswort. Beschreibt Personen oder Sachen: *Il est **grand**. / Er ist groß.* (17, S. 22)

Akzent
(un accent). Im Französischen gibt drei Akzente, die über einem Vokal stehen können: *é (accent aigu)*, *è (accent grave)*, *ê (accent circonflexe)*. (5, S. 10; Annexe, S. 42)

Apostroph
(une apostrophe), Auslassungszeichen. Zeigt an, dass an dieser Stelle ein Vokal ausgelassen wurde: *l'armoire, j'habite.* (5, S. 10)

Artikel, bestimmter
(un article défini), bestimmtes Geschlechtswort. Im Französischen gibt es zwei bestimmte Artikel für den Singular: *le* und *la*. Der bestimmte Artikel im Plural ist *les*. Einen sächlichen Artikel gibt es im Französischen nicht: *le garçon / der Junge; la fille / das Mädchen; les parents / die Eltern.* (1.1, S. 6; 6.1, S. 10)

Artikel, unbestimmter
(un article indéfini), unbestimmtes Geschlechtswort. Im Französischen gibt es zwei unbestimmte Artikel im Singular: *un atlas / ein Atlas; une cassette / eine Kassette. Un* und *une* haben eine gemeinsame Pluralform, die es im Deutschen nicht gibt: *des livres / Bücher.* (1.2, S. 7; 6.2, S. 11)

Artikel, zusammengezogener
(un article contracté). Die → bestimmten Artikel *le* und *les* werden mit den → Präpositionen *à* und *de* zusammengezogen: *à + le = au; à + les = aux: aller **au** cinéma / ins Kino gehen* (15, S. 21); *de + le = du; de + les = des: la chambre **des** parents / das Zimmer der Eltern.* (24, S. 30)

Aussagesatz
(la phrase déclarative). Ils écoutent une cassette. / Sie hören eine Kassette. (4, S. 8)

Befehlsform → Imperativ

Begleiter
(le déterminant), ein Wort, das Nomen näher bestimmt. Es gibt verschiedene Begleiter: → bestimmter Artikel, → unbestimmter Artikel, → Possessivbegleiter, → Demonstrativbegleiter.

Beugung → Konjugation

Demonstrativbegleiter
(le déterminant démonstratif), hinweisender Begleiter. Weist auf eine bestimmte Person oder Sache hin: *Ce livre / dieses Buch; cette maison / dieses Haus; cet élève / dieser Schüler; ces films / diese Filme.* (28, S. 35)

Eigenschaftswort → Adjektiv

Einzahl → Singular

Endung
(la terminaison). Teil eines Wortes, das an den Stamm des Wortes angefügt wird: *les cassettes* (Endung *-s* für den Plural), *elle est grande* (Endung *-e* für die weibliche Form). Bei Verben zeigt die Endung an, in welcher Person ein Verb verwendet wird: *nous jouons / wir spielen.* (1. Person Plural)

Ergänzung
(le complément). Satzteil, der eine Ergänzung zum Verb darstellt. Es gibt verschiedene Ergänzungen: → direktes Objekt, → indirektes Objekt.

feminin
(féminin), weiblich → Genus

Fragesatz
(une interrogation). Es gibt mehrere Möglichkeiten, einen Fragesatz zu bilden: die Intonationsfrage (4.2, S. 9), die Frage mit *Est-ce que?* (12.1, S. 16; 12.2, S. 17), die Frage mit Fragewort (9.2, S. 13; 12.3, S. 17; 22.1, S. 28), die Frage mit *Qu'est-ce que?* (9.1, S. 13), die Frage mit *Qui?* (12.3, S. 17)

quarante-sept **47**

Fragewort

(le pronom interrogatif), Wörter, die eine Frage einleiten: *Qui?/Wer?; Que?/Was?; Pourquoi?/Warum?; Quand?/Wann?; Où?/Wo?* (9.2, S. 13; 12.3, S. 17; 22.1, S. 28)

Fürwort → Pronomen

futur composé

Zeitform des Verbs, mit dessen Hilfe du ausdrücken kannst, dass eine Handlung in der Zukunft stattfinden wird. Es wird aus einer Präsensform des Verbs *aller* und dem Infinitiv eines Verbs gebildet: *Je vais prendre le bus. / Ich werde den Bus nehmen.* (21.3, S. 27)

Gegenwart → Präsens

Genus

(le genre), Geschlecht eines Wortes. Im Französischen gibt es nur zwei Geschlechter: männlich oder weiblich. Ein neutrales (sächliches) Geschlecht gibt es im Französischen nicht.

Geschlecht → Genus

Geschlechtswort → Artikel

Grundform des Verbs → Infinitiv

Hauptsatz

(la proposition principale). Satz, der mindestens aus einem Subjekt und einem Verb besteht: *Sophie parle. / Sophie spricht.* Hauptsätze können im Gegensatz zu Nebensätzen alleine stehen.

Hauptwort → Nomen

Hilfsverb

(le verbe auxiliaire). Zur Bildung des → *passé composé* gibt es im Französischen zwei Hilfsverben, *avoir* und *être*: *Il a parlé. / Er hat gesprochen. Elle est allée. / Sie ist gegangen.* (33.1, S. 39; Annexe, S. 43)

Imperativ

(un impératif), Befehlsform. Mit den Imperativformen eines Verbs kannst du eine oder mehrere Personen auffordern, etwas zu tun: *Regarde. Regardons. Regardez. / Schau! Schauen wir! Schaut!* (11.3, S. 16)

Infinitiv

(un infinitif), Grundform des Verbs. Form eines Verbs, die zu keiner Person gehört: *jouer, attendre, faire / spielen, warten, machen.* (Annexe, S, 43)

Intonation

(une intonation), Satzmelodie. Als Intonation bezeichnet man das Heben und Senken der Stimme im Satz. (4–4.1, S. 8; 4.2, S. 9)

Konjugation

(la conjugaison), Beugung, Anpassung eines Verbs an das Subjekt: *Elle joue. / Sie spielt. Il a un chien. / Er hat einen Hund.* (Annexe, S. 43)

Konjunktion

(la conjonction), Bindewort. Wörter, mit denen du zwei Satzteile (*Paul et Pauline*) oder Sätze (*Manon aime la danse et Valentin aime les livres.*) verbinden kannst, z.B.: *et, ou, mais, quand, parce que.*

Konsonant

(la consonne), Mitlaut (b, c, d, f, g ...)

männlich → maskulin

maskulin

(masculin), männlich → Genus

Mehrzahl → Plural

Mengenangaben

(les quantifiants), z.B.: *un pot de, une bouteille de, un peu de, beaucoup de.* Im Französischen verwendest du nach Mengenangaben *de: un kilo de farine / ein Kilo Mehl.* (16, S. 21)

Mitlaut → Konsonant

Nebensatz

(la proposition subordonnée). Satz, der von einem → Hauptsatz abhängig ist und nicht alleine stehen kann: *Il ne peut pas venir parce qu'il est à Paris. / Er kann nicht kommen, weil er in Paris ist.* (22.2, S. 28; 27, S. 34) Es gibt verschiedene Nebensätze, z. B. den → Relativsatz.

Nomen

(le nom), Hauptwort. Ein Wort, das eine Sache oder Person bezeichnet und meistens einen Begleiter hat: *ma copine / meine Freundin.* (1–1.1, S. 6; 6.1, S. 10)

Objekt, direktes

(le complément d'objet direct), eine Ergänzung, die ohne Präposition direkt nach dem Verb steht: *Je range ma chambre. / Ich räume mein Zimmer auf.* (14.5, S. 20; 26.4, S. 33)

Objekt, indirektes

(le complément d'objet indirect), eine Ergänzung, die mit einer Präposition an das Verb angeschlossen wird. *Il parle à son prof. / Er spricht mit seinem Lehrer.* (26.4, S. 33)

Objektpronomen, direktes

(le pronom objet direct), Fürwort, mit dem ein direktes Objekt ersetzt werden kann. *Il cherche la cassette. – Il la cherche. / Er sucht die Kassette. – Er sucht sie.* (25.1, S. 31; 25.2, S. 32)

Partizip Perfekt

(le participe passé), Mittelwort der Vergangenheit. Form des Verbs, die du zur Bildung des → *passé composé* brauchst: *Il a parlé. / Er hat gesprochen.* (33.3, S. 40)

passé composé

(zusammengesetzte Vergangenheit). Zeitform der Vergangenheit, die du aus der konjugierten Form eines → Hilfsverbs und einem → Partizip Perfekt bildest: *Il a écouté. / Er hat zugehört. Elle est tombée. / Er ist gefallen.* (33.1–33.5, S. 39–41)

48 quarante-huit